Liebe Stössel-Gemeinde!

Meine Berufstätigkeit auf dem Gebiet der englischen Sprachwissenschaft hat mich über die Jahrzehnte die vielerlei unterschiedlichen Wirkungen beobachten gelehrt, die sich in deutschen Landen seit 1945 dadurch ergaben, daß die englische Sprache bis in den Alltag und bis in fast alle Bevölkerungsschichten hinein unaufhaltsam vordrang, bis sie weithin als eine Art zweite Landessprache empfunden zu werden anfing. Daß es bei diesem kollektiven Lernvorgang zwischen Deutsch und Englisch zu einer Vielfalt von Vergleichen, Spiegelungen, Brechungen, Kontrasten, Reibungen, Mißverständnissen, Imperfektionen aller Art, echten und falschen Anleihen usw. kam und kommen mußte, ist klar, und ebenso, daß hier ein weites neues Feld für die verschiedensten Formen von Sprachkomik bereitlag und bekanntlich auch oft beackert und bebaut wurde.

Nun gestehe ich gern und mit Nachdruck, daß ich mich nicht erinnere, über eine derartige Blödelei zwischen den beiden Sprachen so hilflos und bis zu Tränen gelacht zu haben wie über die "englischen" Nürnbergiaden von Günter Stössel; auf diese raffinierte, schlitzohrige Idee mußte wahrlich erst einmal jemand kommen! Wie glänzend sie beim Leser angekommen ist, beweisen allein schon die erstaunlichen Auflagenzahlen der ersten drei Bändchen von 1975, 1976 und 1981; und nun darf sich also die stattliche Stössel-Gemeinde auf diesen vierten Band freuen – ich durfte ihn im Manuskript lesen, die Tränen kamen mir eher noch reichlicher als bei den ersten drei!

So einfach der Trick erscheint, auf dem diese – ich darf es so sagen – herzzerreißende Sprachviecherei aufgebaut ist, so viel Umsicht, Sucharbeit im Lexikon, verschmitzten Ideenreichtum und sprühende Phantasie mußte der Autor aufbringen, um dieses Lesevergnügen für uns so rund zu machen wie es ist. Nicht nach der Bedeutung der englischen Wortformen fragen, nur auf den reinen Klang hinhören, und schon ist das herrlichste Nürnbergerisch fertig! Und was für herzerfrischende, dem Alltag Nürnbergs überzeugend abgelauschte Gesprächstöne da herauskommen!

Es wird nicht nur dem Anglisten klar, warum sich kaum ein anderer deutscher Stadtdialekt für diesen Riesenspaß so gut eignen dürfte: unerwartet viele quasi phonetische Seelenverwandschaften kommen da zum Vorschein, nicht zuletzt etwa die schönen Zwielaute machen vieles möglicher als anderswo. (Beispiel: *müssen* mit seinen nürnbergischen Flexionsformen *mow, most, main, mazed...*) Stössel wollte sich, so sagt er mir, diesmal noch strenger als vorher von Wortformen fernhalten, die nicht wirklich in einem englischen Lexikon zu finden sind. Aber ganz ging's halt doch nicht ohne kleine Krücken, wenn nicht auf zu viele spritzige Gesprächseinfälle verzichtet werden sollte. (Beispiel: Deutsch *der, den, die* geht nürnbergisch leicht noch als *dare, den, day*, aber für deutsch *das* mußte und durfte Stössel *des* erfinden.) Mut machen durfte ich Stössel z.B. zu *clubsters* (= *glaubst du's*), das es zwar englisch real nicht gibt, das aber vom Wort *club* systemgerecht ebenso abgeleitet sein könnte und vielleicht auch noch einmal wird wie z.B. *gangster(s)* von *gang* oder *funster(s)* von *fun.*

Auf zehn besondere Schmankerl diese vierten Bandes möchte ich zum Schluß noch die Blicke lenken: *aggressors, alarum, consign, decay, defence, dimension, leisure, mohair, solidify, visions.* Erraten Sie deren "Bedeutung"? Ich schlage vor: Wer (vor dem heimlichen Weiterblättern!) mindestens fünf Treffer erzielt, sollte als Anwärter(in) für die Ehrenmitgliedschaft in der Stössel-Gemeinde gelten.

On adds fill fried mid den fatten bund!

Erlangen, im Oktober 1993

Professor em. Dr. Herbert Voitl

Universität Erlangen-Nürnberg

INHALTSVERZEICHNIS:

Instructions for Use

You are an English-speaker? Good. Your command of German is slight, of Franconian even less? Better still. Then get hold of a German, preferably Franconian audience, large or small. Take this book and read its contents out aloud, in the ordinary way.

Never mind if you see no sense in the way the words are put together: you will have them rolling in the aisles. You will appear a supreme humorist and a magician with words, with a minimum of effort.

The catch? There is none. You are not being humiliated or made to look ridicolous, however loud the laughs. For the clue to the enterprise is this: what makes no sense to you in English will make a lot of sense to your heares. It is the uncannily close phonetic equivalent of single terms, phrases and entire conversations in Franconian dialect.

Easy, once you hit on it? But hitting on it – and executing it with such consistency an brilliance – takes genius. The genius of Günter Stössel,

Erlangen, im Mai 1981 Manford
Belmore

Vorwort

Ulcer des hot me fie an reason air-guides cost -
on fill air-bat - supper lot!

Also - das hat mich großen Ehrgeiz gekostet -
und viel Arbeit -Saperlot!

Politik

When dare Hell-Mood Coal a raid held,
clubs quiz, duster doe fill nice afford?

Wenn Helmut Kohl eine Rede hält,
muß man sich immer fragen,
ob man da viel Neues erfährt.

Upper when dare Richard White Sacker
a raid held, doe hobby fie
an reason respect, clubsters!

Aber wenn Richard von Weizsäcker
eine Rede hält, dann erfüllt mich großer Respekt,
wenn ich das hier einmal so sagen darf.

Doe consider Hell-Mood Coal
fie a by spill namer - fie war!

Da kann Helmut Kohl sich
ein Beispiel nehmen - wie ich meine!

Im Kinderzimmer

Hostess ding adds endly glee-fat, ha?!
Adds is whizz he? Host weeder mist bout!

Hast du das Ding nun endlich
"geliefert", wie!? Nun ist es wohl kaputt?
Da hast du halt wieder mal Mist gebaut!

Oh way, adds grinder !

Ach du liebes bißchen - jetzt weint er!

Blake hulled net a zoo - shower moll hair:
doe host a whang an bairn drag. (=luck rids)

Nun heul' doch nicht so - sieh' mal:
hier geb' ich dir ein bißchen Bärendreck.(=Lakritze)

Spielzeugreparatur

Gay hair, bow! Adds dosed a moll
day lime doom hair, no puppy dine
teddy-bairn sigh bah weeder he.

Nun komm' mal her - Junge! Gib' mir
doch mal eben die Leimtube,
dann werde ich deinem Teddybären
das Bein wieder anfügen.

Verschmähte Liebe

Loamy hulled a whang run - !

Nun laß' mich doch ein wenig ran an dich!

How up - do lung whilst!

Verschwinde - du langweilst!

Ahnungslosigkeit

Dare aunt fie nix!

Er hat nicht die leiseste Ahnung!

When dare des wizard - oh way!

Wenn der das wüßte - na dann gute Nacht!

Böse Anmache

Do biz quiz a whang blade, ay!?

Du hast wohl 'ne Macke - wie!?

Zeiterscheinung

Dimension cinder hide fuller rough gear!

Was sind die Menschen heutzutage
doch voller Raffgier!

Autorität

Ashed delight - on Dundee fresh!

Zuerst kommen die Leute - und dann
die Frösche! Will heißen: Zuerst die
Erwachsenen - dann die Kinder!

Schulisches

Biologieunterricht

Was end held an I - manner?

Was enthält ein Ei - Männer?

I wise on I dodder.

Eiweiß und Eidotter.

A zoo is guns correct, manner.

Völlig korrekt, Männer!

Einzahl und Mehrzahl

Was is dare singular foam wad:
"drag suck" - manner?

Wie lautet die Einzahl des Wortes
"Schmutzbeutel" - Männer?

"Drag suck".

"Schmutzbeutel".

On was is dare plural foam wad:
"drag suck" - manner?

Und wie lautet die Mehrzahl des Wortes
"Schmutzbeutel" - Männer?

"Drag sack".

"Schmutzbeutel".

Guns correct, manner!

Völlig korrekt, Männer!

Schul-Wandertag

(Das Lehrerkollegium erstattet dem Rektor Bericht):

Hide warmer fie in guy-sell-wind,
in kid-singer, in hoof on in by-ride.
On des mid sipped-sick light!

Heute waren wir immerhin in Geiselwind,
in Kitzingen, in Hof und in Bayreuth.
Und das mit siebzig Kindern!

Dun warmer in an cuff - net a moll
a gust house hum day doe! - simmer weeder hum.

Dann waren wir in einer Ortschaft -
da gab's ja noch nicht einmal eine Gastwirtschaft -
da haben wir dann die Heimreise angetreten.

My show cinder fuller drag - oh way!

Mein Schuhwerk ist stark verschmutzt -
wie mir leider auffällt!

Ulcer mere dander hide my face way!

Also mir tun die Füße heute
ganz besonders weh!

Woe is adds blows weeder
dare show level?

Kann mir jemand sagen,
wo der Schuhlöffel abgeblieben ist?

Mere dandy bah way - on my grides -
highland sacrament!

Mir schmerzen die Beine - und mein Rücken -
Heiland Sakrament!

Is next moll gamma a whang in' tear garden -
des is dun net a zoo wide.

Nächstes Mal werden wir nur mal eben
den Tiergarten besuchen -
das ist dann wenigstens nicht so weit.

Elternsprechstunde

Amazed hulled a whang mare doe -
fear sigh shoal -

Er müßte halt ein bißchen mehr arbeiten -
für sein Fortkommen in der Schule -

dare is a guns fowler suck.

Er ist ein sehr träger Schüler.

Im Speiselokal

(Drei Geschäftsleute - die Herren Siffelmann, Feinbeißer und Krautkopf sitzen in einem Speiselokal zu einem Arbeitsessen beisammen):

(Siffelmann hat - wie immer - großen Durst und kümmert sich schon mal um die Getränkebestellung):

Sea, bringers dry bills!

Würden Sie uns bitte drei Glas Pils servieren!?

(doch das dauert ein wenig - so daß Siffelmann unwillig brummt):

Dare vat shanked a zoo lung some eye - clubsters!

Der Wirt läßt sich viel Zeit beim Einschenken - wie mir scheinen will!

(Siffelmann wird immer ungeduldiger):

Doe Conny gore net he shower, mange mire!

Das kann man ja nicht mit ansehen - Mensch Meier!

(schließlich fragt Siffelmann höflich beim Wirt an):

Dosed adds des bills endly hair?!

Könnten Sie das Pils nicht schon mal auftragen?!

(voller Neid bemerkt Siffelmann einen anderen
Gast, der sich sein Bier offensichtlich
schmecken läßt):

Shower moll doe dreamer, way dare sigh beer
nigh shit - fuller gear!

*Kuck' doch mal, wie der da drüben sein Bier
einnimmt - offensichtlich mit Genuß!*

(Feinbeißer, dem Siffelmanns Trinkverhalten
seit längeren auffällt, äußert eine Vermutung):

War shines hotter dun umbrella !

*Das wird seine Stimmung heben -
wie ich vermuten möchte!*

(Feinbeißer und Krautkopf studieren noch die
Speisenkarte - und überlegen hin und her.
Feinbeißer zu Krautkopf):

Abroad handle udder a faddle buck handle is mere
fie labour way dry crowd wiggle, clubsters!

*Ein Brathühnchen oder ein Viertel Backhähnchen
ist mir doch tatsächlich lieber als drei Kohlrouladen -
das muß ich wirklich sagen!*

(Krautkopf antwortet):

Ulcer crowd wiggle sin fie ah was fines!

*Also - Kohlrouladen sind aber doch
auch nicht zu verachten!*

(Feinbeißer hingegen hat eine andere
Vor-Auswahl getroffen):

Mines where adds a shy-feller mid rower glace.

*Mir steht der Sinn eher
nach einem Schäuferle mit rohen Klößen.*

(schließlich bestellt Feinbeißer doch
etwas anderes):

Bringers mere an sour broaden
mid plough crowd on rower glace!

*Man möge mir einen Sauerbraten
mit Rotkohl und rohen Klößen auftragen!*

(...und Krautkopf entscheidet sich
für eine Schlachtplatte):

Day blowed washed is fie fed!
God sigh dunk hobby fill sour crowd!

*Diese Blutwurst ist zwar fett - aber das
kann man ja mit dem reichlich vorhandenen
Sauerkraut kompensieren!*

(Feinbeißer ist mit seiner
Wahl nicht ganz glücklich):

Day glace cinder pickle hut -
oh highland sacrament!

*Diese Klöße sind aber sehr
formbeständig - Schockschwerenot!*

(schließlich gibt auch Siffelmann
seine Essensbestellung auf):

Bringers mere a bills, an roll mops -
on hinter hair an Williams Burn.

Bringen Sie mir bitte ein Pils,
einen Rollmops - und einen Williams'
Birnenschnaps hinterher.

(der Kellner bietet einstweilen schon
mal einen Käse-Gang und Himbeer-Eis an):

Hinter hair a whang an case:

Im Nachgang vielleicht etwas Käse:

Roamer doer, common bat -
udder a whang an dill sitter?

Romadur, Camembert -
oder vielleicht ein wenig vom Tilsiter?

A him bear ice hobby hide fie ah doe!

Darf ich die Herren auch auf unser Himbeer-Eis hinweisen!?

Amend - whence gore is -
dry dazzler dull mire.

*Zuguterletzt - als krönenden Abschluß -
drei Täßchen Dallmayr.*

(Siffelmann korrigiert die Kaffee-bestellung):

Mere fie net! Bringers mere labour
a faddle road wine.

*Für mich bitte keinen Kaffee!
Bringen Sie mir lieber ein Viertel Roten.*

Wirtshaus-Rausschmiß

(Ein düsteres Wirtshaus in der Vorstadt;
die Sperrstunde ist längst vorbei;
die Wirtin ist bemüht, eine hartnäckige
Runde von Kartlern und Stammsäufern
nach Hause zu schicken. Wie in einem
schlechten Ami-Western-Krimi ist
im Lokal rein zufällig ein verhinderter
Box-Weltmeister anwesend, ein richtiger
Vorstadt-Tarzan - dessen sich die Wirtin
geistesgegenwärtig als Rausschmeißer
bedient.)

(die Wirtin appelliert):

Saw, light, des wars fear hide!

So, liebe Gäste, nun laßt uns Feierabend machen!

Adds side manner net base!

Also nun reicht's aber wirklich!

Adds is fie dry faddle dryer -

Es ist immerhin schon viertel vor drei -

get hum adds, ear cypher!

nun macht euch schon auf den Heimweg,
ihr Schluckspechte!

(als die Wirtin den Karten-Spieltisch
abräumen will, wird einer der Kartler renitent):

Hand wag - des is my cuddle geld!

Pfoten weg - das ist mein Spielgeld!

(die Wirtin versucht es zunächst
mit einer ganz harmlosen Frage):

When gaze den no do endly hum?

Wann gedenkst du denn endlich
den Heimweg anzutreten?

(...und fängt sich sogleich
eine unwirsche Antwort ein):

Low manner blows do my row!

Nun laß' mich doch du zufrieden!

(die Wirtin revanchiert sich):

Brill me net a zoo oh!

Brüll' mich nicht so an!

(und der Gast gibt kontra):

Signer blows do lies!

Und du hältst gefälligst die Klappe!

(nach diesem Hin-und-her bietet
der Vorstadt-Tarzan seine Dienste
als Rausschmeißer an - und nimmt nun
zunächst eine drohende Haltung ein):

Gly wherry nourish!

Es dauert nicht mehr lange -
dann schnappe ich über!

(der renitente Kartler macht einen
flehentlichen Vorschlag...):

Lung me blows net oh!

Komm' mir ja nicht zu nahe!

(...und weist Mr. Body Building
mit dem Mut der Verzweiflung auf
die wahrscheinlichen Folgen einer
tätlichen Auseinandersetzung hin):

How hulled hair - no host me doe ling!

*Schlag' mich doch - dann hast du mich
eben hier zu liegen!*

(die Wirtin nutzt die angespannte
Situation zu einer eindringlichen
Warnung an den Kartler):

How blows up adds - des is fie a rougher -
shouter moll he - dare hotter hand way glow daggle!

*Hau' doch ab jetzt - der da ist einschlägig
bekannt als Raufbold - seht ihr denn nicht -
der hat doch Hände wie Clodeckel!*

(den Vorstadt-Tarzan juckt es, vor dem restlichen Publikum eine Probe seines Könnens zu geben):

Hop - howitzer endly hair!

So schlag' doch endlich auf mich ein!

(die Wirtin flüstert dem Raufbold zu):

Whence net unders gate - no housed he, dusty light
ear fried hum - whence shepherd!

Wenn's denn sein soll - dann schlag' nur ordentlich drein,
damit auch alle sehen, daß es hier scheppert im Karton!

(schließlich erscheint die Polizei auf dem Plan):

Ear side whizz blade won?

Ihr habt wohl den Verstand verloren?

(die Wirtin fügt - mit der Staatsgewalt im Rücken - ergänzend hinzu):

Hop - adds getter hum - dusters whist!

So - nun trollt euch endlich - das war es,
was ich euch noch sagen wollte!

Schnupftabak

Ulcer good - a breeze dozed hair -
day buggy logger, ay.

Nun gut - eine Prise darfst du mir geben -
die kann ich ohne Schwierigkeiten vertragen.

Mare fie net - while mere dun war shines
dare roots no left.

Mehr aber bitte nicht - weil mir dann
vermutlich der Rotz herunterläuft.

Auf der Fürther Kirchweih

Fish waggly,

Fischbrötchen,

Broad harings waggly,

Bratheringsbrötchen,

Broad washed waggly,

Bratwurstbrötchen,

Bog washed,

Bockwurst,

Bog beer,

Bockbier,

on dun former midden reason-rod
after fry-hide.

und dann fahren wir mit dem Riesenrad
auf der Freiheit.

Starkbierfest

(An einem feuchtfröhlichen Abend auf
einem Starkbierfest. Zu vorgerückter
Stunde beobachtet man dies und das -
und macht sich allmählich Gedanken
über den bevorstehenden Nachhauseweg.)

(einer der Starkbiertrinker philosophiert):

Dry, fear, sex, seem bog beer -
no gazed war shines in' sex egg hum.

So nach drei, vier, sechs,
sieben Bockbier taumelt man
gewissermaßen im Sechseck nach Hause.

(und fügt eine hämische Bemerkung
über das schon ziemlich "fertig"
wirkende Pärchen am Nebentisch hinzu):

Air shout a whang blade
on sea shout a whang she-glad.

Er sieht ein wenig angeschlagen aus,
und ihr gehen die Blicke
ein bißchen überkreuz.

(schließlich erwägt auch er selber,
den Heimweg anzutreten):

Saw, adds solidify lung some hum gay.

*So, nun sollte aber auch ich
so allmählich den Nachhauseweg antreten.*

(nach einer Weile ziellosen
besoffenen Herumtappens
stellt er sich dumpf die Frage):

Woe simmer den?

Wo irre ich hier eigentlich herum?

Disziplin auf der Parkbank

(Ein schon etwas genervter Anwohner
der Parkanlage, nahe einer stadtbekannten
"Berber-Oase"- ruft die Wermutbrüder
zur Ordnung):

Get fie hinter an bush - when amazed -
ear wear mood breeder!

Geht aber bitte hinter's Gebüsch -
wenn ihr mal müßt - ihr Wermutbrüder!

(Nicht jeder der fröhlich versammelten
Rotweingimpel hält sich an die Aufforderung,
also: erneuter Appell in schärferem Ton):

Hinter an bush getter - ear drag bairn!

Hinter einen Busch sollt ihr gehen -
ihr Dreckbären!

Damenkränzchen

(Frau Waffelbeck und Frau Schmarrnhöfer
sitzen im Cafe beisammen - und gehen bei
Kaffee und Kuchen ihrer Lieblingsbeschäftigung
nach - nämlich dem Lästern über die anderen
Gästinnen im Lokal; die Waffelbeckin hat sofort
ein Opfer für ihren Spott entdeckt -
und bittet die Schmarrnhöferin sogleich um
ihre Meinungsäußerung):

Shouter a moll day doe dreamer oh - a zoo a Billy's
haggle glide way day oh hot -gay fie wider!

Kuck' doch mal die da drüben an -
also so ein billiges Häkelkleid,
wie die eins anhat -
das käme mir gewiß nicht in die Tüte!

(die Schmarrnhöferin gibt jedoch
lachend zurück):

Donor do net a zoo oh game -
mid dine drag fleck in' hammered - gal!

Gib' nur du nicht so an -
mit deinem Dreckfleck im Hemd -
wenn ich dich darauf aufmerksam machen darf!

(die Waffelbeckin hat jedoch Wichtigeres zu tun: ihr diskret und verstohlen umherschweifender Blick hat sich schon an einem neuen Spottopfer verfangen):

Was guilty wet - day hot den mantle
foam wheel dish cuffed!

Was gilt die Wette - die hat den Mantel
von einem Wühltisch gekauft!

(diesmal erhält sie sofort die Zustimmung der Schmarrnhöferin):

Modish is dare fie net growed!

Modisch ist er ja nun gerade nicht!

(die Bedienung - der natürlich kein Wort der beiden entgangen ist - ermahnt die beiden Ratschkathln augenzwinkernd):

Ear side hide fie weeder base!

Ihr seid heute aber wieder 'mal böse!

Verwaister Stammtisch

(Ein Stammtischbruder sitzt am
Stammtisch-Abend allein im Gasthaus -
und versteht die Welt nicht mehr.
Von der gewohnten Stammtischrunde ist -
außer ihm -nichts zu sehen.
Die Stammtischbrüder sind heute
offensichtlich in ein anderes Gasthaus
gegangen. Halblaut murmelt er
vor sich hin):

Saw, adds hockey doe alarum.

So - nun sitze ich hier alleine herum.

War shines since inner unders
gust house hide.

Wahrscheinlich sind sie heute
in ein anderes Gasthaus gegangen.

(er sinniert - und kann es noch
immer nicht fassen):

Sin day mere nix - dear nix -
inner unders gust house -
day humble manner! Day cinder blade!

Sind die doch - einfach so -
in ein anderes Gasthaus gegangen,
diese Hampelmänner! Die können doch
nicht ganz recht im Kopf sein!

(Schließlich findet der Alleingelassene
doch noch seine Stammtischbrüder):

Ah - doe insider - bum dump noodle back!

Ach - hier drinnen seid ihr -
beim Dampfnudelbäck!

Des heady mere net drama loan!

Also das hätte ich mir
nicht träumen lassen!

(Die anderen Stammtischbrüder
weisen ihn unisono darauf hin,
daß das beim letzten Stammtisch
so besprochen worden sei...)

Host weeder a moll net he cared:
hide simmer bum dump noodle back.

Da hast du halt wieder einmal
nicht hingehört: heute sind wir
beim Dampfnudelbäck.

Oh do simple!

Oh du Einfaltspinsel!

Wortspiel

Saw - was dammer den adds?

So - was tun mir denn jetzt?

Adds dammer my face way!

Jetzt tun mir die Füße weh!

Urlaubspläne

Woe gates den higher he?

Wo geht denn diesmal die Reise hin?

Mere is washed!

Ich weiß noch nicht so recht.

Gespräch

Chris God!

Gott zum Gruße!

Service!

Servus!

Way gates den dear a zoo?

Wie ist denn das werte Befinden?

My war left guns goat.

Ich bin ganz zufrieden
mit dem Lauf der Dinge.

Where is den dare doe dreamer?

Wer mag wohl der da drüben sein?

Descant my grocer sigh!
My grocer is a dibble inch.

Das könnte doch glatt
mein ältester Sohn sein!
Mein Ältester ist ein Dipl. Ing.

Miner is a doll matcher.

Meiner ist Dolmetscher.

Miner is upper elder way diner.

Meiner ist aber älter als deiner.

Des is war.

So ist es.

Ulcer grease tiny light!

Also dann - grüß' mir deine Familie!

Do fie ah - ulcer chow!

Du bitte auch - also ciao!

Jahreszeiten

Winterwetter

Gainer hide net Ford, louder much!

Bleib' nur hübsch zu Hause heute -
lauter Matsch!

Frühling

Hide Kennedy a whang Ford gay!

Heute sollte man direkt ein wenig
nach draußen gehen!

Hochsommer

Hide is a hits, doe most shower
dust net I gazed!

Heute ist eine derartige Hitze -
da muß man zusehen, daß man nicht
auf der Strecke bleibt!

Bau-Reklamation

(Der Häuslebauer ist ganz entsetzt
über die windschief gemauerten Wände
seines Eigenheimes. Er wendet sich voller
Sorge an den Polier):

Ay - master - shower moll he:
my house wend is guns sheaf -
des shouter blade hair!

He - Meister - sieh' dir das an:
meine Hauswand ist deutlich schief -
das sieht aber sehr gewöhnungsbedürftig aus!

(der Polier - beschwichtigend):

Des shut nix -
des boots mare weeder he!

Das ist doch kein Malheur -
da wird entsprechend Putz aufgetragen!

Feueralarm

Housemaster - housemaster!
- is brand - is brand !
doe an fire leisure hair!

Hausmeister - Hausmeister!
- es brennt - es brennt!
so schaff' doch schon
den Feuerlöscher herbei!

Fernsehkrimi

(Fernsehabend; man sieht einen "Tatort"-Krimi; der Hausherr zieht gegenüber seiner mitsehenden Gattin einen voreiligen kriminologischen Schluß):

Dare doe - des easter murder:
mere shined, dander *v*isions!

Der da - das ist der Mörder:
mir scheint, den werden sie erwischen!

(sie ist offenbar anderer Meinung):

Do - des Willie gore net song!

Du - das ist noch gar nicht mal so sicher!

Besetzte Telefonzelle

Grides Donna wetter -
day waft fie lung!

Kreuzdonnerwetter -
hat die aber ein
langatmiges Gespräch!

TELEKOM- Werbespot

(Regionalausgabe Mfr.)

Roof hulled a moll oh -

Ruf' doch mal an -

adds hobby a zoo lung
nix mare fodder cared!

ich hab' doch schon so lange
nichts mehr von dir gehört!

Sportfernsehen

Tennis

In' fan-say hairy loud bitch-batch,
dare Boris Beggar quint sigh match,
air swinged sigh racket he on hair:
adds hotter weeder a million mare!

Im Fernseh'n hör' ich laut pitsch-patsch,
der Boris Becker gewinnt sein Match,
er schwingt sein Racket hin und her:
jetzt hat er wieder 'ne Million mehr!

Biathlon

(Zwei fränkische Zeitsoldaten
der Bundeswehr veranstalten
auf ihrer Bude einen gemütlichen
Sport-Fernsehabend):

(Kamerad A):

Dare render way a weasel - ay!

Der rennt ja wie ein Wiesel -
wenn ich das bemerken darf!

(Kamerad B):

War shines drifter dun upper nix!

Sieht aber ganz so aus,
als würde er jetzt nichts treffen!

(Kamerad A):

Dare under - ulcer diner -
dare drift upper fie ah net -
Sixtus!?

Der andere - also der,
den du favorisierst -
der trifft aber auch nichts -
wie du siehst!

(A - ruft Kamerad B nach):

Bring fie mẹre a beer meat - ay!

Bring' mir bitte auch ein Bier mit -
sei doch so gut!

(dann feuert A erneut seinen Kandidaten an):

Hop - hang deny! - des shudder
fie gore nix!

Los - häng' dich rein - das bißchen
wirst du doch wohl noch bringen!?

(Kamerad B - aus der Küche rufend):

Doe, adds hammer in drag -
dare keel shrunk is he -
des beer is bray warm!

So - nun haben wir die Bescherung -
unser Kühlschrank ist hinüber -
das Bier ist brühwarm!

(Kamerad A):

Side when?

Seit wann denn das?

Skiunfall

Oh way - adds since he - day lie-she!

Oh weh - nun sind sie kaputt -
diese Leih-Schi!

Fußball

(Beim sonntäglichen Kreisliga-Spiel
auf dem Dorfanger; der Trainer der
"Hupfauf-Kickers" hat längst Allüren
und Nervosität eines National-Trainers
angenommen; in der Halbzeitpause nimmt
er sich seine Mannen vor...):

Ulcer, boom - a zoo vat des nix -
ear mazed mare he gay!

Also, Jungs - so kommt ihr nicht weiter -
ihr müßt die anderen beherzter angreifen!

(...um dann während des Spiels wieder
unablässig die Seiten-Linie des Fußball-
felds auf-und-ab zu laufen - mit
erhobenen Händen und laut brüllend):

Hop - how he adds - shays a door!

Los - schieß doch jetzt endlich ein Tor!

(doch leider trifft der Spieler neben das Tor):

Adds drift dare des door net!
Doe Kennedy nourish van!

Nun trifft der das Tor nicht!
Es ist zum Verrücktwerden!

(offenbar hat der Trainer in der zweiten Halbzeit auch einen nicht so ganz leistungsfähigen Spieler eingewechselt; er versucht ihn vom Spielfeldrand aus händeringend zu motivieren):

Gainer he - dare under is blade!

Greif' nur munter an - der andere
kann auch nicht mehr als du!

(dann entschließt er sich doch, den Spieler bei nächster Gelegenheit gegen einen leistungsbereiteren auszutauschen):

Dare render gore net - a zoo
a fowler sough - gay mare blows
wag mid den!

Der rennt nicht so, wie ich mir
das vorstelle - so ein Faulpelz -
na, der kann mir gestohlen bleiben!

In der Disco

(Sohn fragt seine Mutter um
Erlaubnis zu einem Disco-Besuch):

Mummer - ay - daffy hide inner disco - ay?

*Mama - hättest du etwas dagegen, wenn
ich heute eine Disco aufsuchen würde?*

(die Mutter zögert zunächst):

Des buzzard dear zoo!
Dear felt shines nix unders I - ha!?

*Das könnte dir so passen!
Was Gescheiteres fällt dir wohl
nicht ein - wie!?*

(schließlich gibt sie doch nach):

Ulcer dun - how up!

Also dann - zieh' Leine!

(der Sohn zieht freudig ab - und versucht sogleich, seine schon im Auto wartenden Freunde für den geplanten Disco-Besuch zu motivieren):

Hop, light, adds former inner cuff -
hock massy inner Disco -
biz fray - zoom dryer -
dun former weeder hum, ay!

Los, Leute, jetzt fahren wir in ein Kaff -
dort setzen wir uns in eine Disco -
so etwa bis drei Uhr morgens -
und dann fahren wir wieder nach Hause -
oder was meint ihr?!

(als die Freunde nicht gleich "ziehen", fügt er hinzu):

Doe left fie was up - ay!

Dort wird sicher etwas geboten - kommt schon!

(nach längerem Herumsuchen in mehreren Ortschaften findet man schließlich eine gemütlich dröhnende Landdisco; der Wortführer meint):

Doe wears guns net - udder was?

Da wär's doch ganz nett - oder etwa nicht?

(die anderen haben keine rechte Lust, groß herumzudiskutieren):

Ulcer good, hog massy a whang hair doe.

Also gut - dann lassen wir uns halt hier ein wenig nieder.

(Nachdem alle ihr bestelltes Bier bekommen haben - es ist sauteuer und etwa von der Größe eines Arzneifläschchens - fängt einer - zufällig der Fahrer - auch schon zu maulen an):

Aggressors beer hum day doe quiz net - ay?!

Ein größeres Bier haben die hier wohl nicht zu bieten - wie?

(die anderen beschwichtigen den Durstigen - aus gutem Grund - zum Kellner gewandt):

Fear den doe fie blows a glance beer…

Für ihn bitte nichts weiteres
als dies kleine Bier…

(zum Kellner - flüsternd):

dare hot namely sign fearer shine
ashed side hide weeder…

der hat nämlich erst seit heute seinen
Führerschein wieder zurück…

dare doodled hulled a whang!

der dudelt ganz gern einen!

Verkehrserziehung

Fore fie blows net mid umbrella, gal! -
day dandify nigh in gang, my labour!

Fahr um Himmels willen
nicht alkoholisiert!
Die stecken dich glatt
ins Kittchen, mein Lieber!

(nachdem das Unvermeidliche
nun doch passiert ist - oder:
wer den Schaden hat, braucht
für den Spott nicht zu sorgen...):

Hamster whizz dine fearer shine wag?
Saw - adds hostess - des hobby quist!

Hat man dir den "Schein" wohl
weggenommen? So - da hast dus -
ich hab s ja immer gewußt!

Bayern-III-Meldung

(aus der Zeit, als das Biebelrieder
Kreuz noch ein Dreieck war)

Bum People-Reader-Dry-Egg
left adds gore nix mare!

Beim Biebelrieder Dreieck
ist der Verkehr nunmehr
völlig zum Erliegen gekommen!

(die Polizei stöhnt):

Blade since - delight - fie workly war!

Die Leute sind einfach unvernünftig -
aber wirklich!

Musiker im Stau

Besmear doe dreamer sin -
is gore, des concert!

Bis wir da drüben ankommen - wird unser
Konzert bereits vorüber sein!

War shines sin defence dun weeder hum.

Wahrscheinlich werden die Fans dann
schon wieder nachhause gegangen sein!

Skepsis

Mine ladder hobby a zoo was
non net cared!

Meiner Lebtage habe ich so etwas
noch nicht gehört!

When des war is, hussy hunts!

Wenn das wahr ist, will ich
fürderhin Hans heißen!

Gnädiger Fahrscheinkontrolleur

(ein Kontrolleur steigt zu):

Fore shine control!

Fahrscheinkontrolle!

Fore guest, daddy fore shine rouse!

Liebe Fahrgäste, wollen Sie bitte ihre
Fahrberechtigungsausweise vorzeigen!

(einer der Fahrgäste will der
Aufforderung nicht nachkommen -
der Kontrolleur fragt ihn):

Ay do! - host whizz gore can
fore shine, ha?

He du! - hast wohl gar
keinen Fahrschein, wie?

(der Fahrgast hält ihm einen
seit längerem entwerteten Fahrschein
hin, den der Kontrolleur sogleich
als ungültig zurückweist):

Ah, doe hammers: dare guild
gore nix mare!

Aha, da haben wir es schon:
der gilt gar nicht mehr!

(und fügt mit strafender Miene hinzu):

Des cost fie fat-sick Mark!

Das kostet nun leider vierzig Mark!

(der solchermaßen ertappte
jugendliche Fahrgast ist erstaunt):

Oh via - way fill cost des? -
des derv net war sigh!

Au weia - wieviel kostet das? -
das darf doch wohl nicht wahr sein!

(und fügt mit Unschuldsmiene
sogleich hinzu):

A zoo fill geld hobby fie net!

*Soviel Geld habe ich aber
nicht bei mir!*

(der Kontrolleur macht nun
ein sehr gnädiges Angebot):

Dun housed so fort up!
Hop, shays in wind!

*Dann verschwindest du
aber augenblicklich
Los - schieß' in den Wind!*

(der Delinquent - sichtlich
erleichtert):

Des is affright: doe Willie
a zoo way zoo rouse!

*Das ist mir sogar eine rechte
Freude: hier wollte ich
ja sowieso aussteigen!*

Grease God - on chess!

Gott zum Gruße - und Tschüss!

Rund um's Auto

(ein Autobesitzer ist unzufrieden
mit dem erworbenen Gebrauchtwagen -
und äußert Klagen über die Qualität
seines Fahrzeugs):

Hide hobby fie my auto oh shame main!

Heute habe ich mein Auto doch
tatsächlich erst anschieben müssen!

A shunt is des! - dare mist hooble
cat in shredder!

Das ist ja nun wirklich eine Schande! -
der Misthobel gehörte besser
in die Schrottpresse!

Dare auto handler consign mist
weeder home - den shy-scramble doe!

*Der Autohändler soll seinen Mist
gefälligst wieder zurücknehmen -
den Scheißkrempel da!*

(aus dem verständlichen Ärger heraus
entwickelt der Leidgeprüfte ein ganz
neues Markenbewußtsein):

A Mercedes Bends mid sex-cylinder-machine
mohair - dare left way a diddler - ay!

*Ein Mercedes Benz mit Sechszylindermaschine
muß her - der hat einen lieblich-runden
Motorlauf - wie man weiß!*

Fahrraddiebstahl

Adds hobby doe foreign my fore-rod
he gland -on adds is wag!

Jetzt habe ich da vorhin
mein Fahrrad angelehnt -
und nun ist es verschwunden!

Hum day mere nix, dear nix
my fore-rod cloud, day lung finger !
- des hot fie sex gang cut!

Haben sie da mir-nichts-dir-nichts
mein Fahrrad geklaut - diese Langfinger!
- es hatte immerhin sechs Gänge!

Gassi mit Isidor

(Nachdem die beiden Schulbuben am
Nachmittag ihre Hausaufgaben gemacht
haben, dürfen sie immer noch ein wenig
mit dem Dackel namens Isidor gassi gehen.
Selbstverständlich sagen sie brav ihrer
Mutti (hier Koseform "Mutsch") bescheid:

Ulcer, mooch - mere ganger adds a
whang Ford midden Easy Door, gal.

*Also, Mutsch, wir gehen jetzt noch
ein bißchen raus mit Isidor, damit
du bescheid weißt.*

(kaum auf der Straße angekommen,
rennt Isidor sofort auf und davon;
die Jungs rennen suchend hinterher):

Woe is adds blows weeder
dare duckle he? Easy Door!

*Wo ist jetzt bloß der Dackel
so schnell hingerannt? Isidor!*

(schließlich entdecken sie ihn):

Ah, doe dreamer render. Gaze do
adds hair - upper so fort!

Aha, dort drüben rennt er.
Kommst du jetzt her -aber sofort!

(peinlich berührt sehen die Jungs mit an, wie Isidor auf der anderen Straßenseite gerade das schönste geparkte Auto anpinkelt):

Adds shift dare doe he - oh way -
des derv net war sigh!

Nun macht der auch noch da hin - ojeh -
das darf ja wohl nicht wahr sein!

(die Jungs rufen noch einmal sehr energisch nach dem Hund):

Gay a moll do hair adds, do roots level!

Komm' jetzt endlich her - du Rotzlöffel!

(nachdem der Hund wieder an der Seite seiner beiden Herrchen ist - erhält er sofort eine Lektion "Verkehrserziehung"):

By road left mare net after strass room - host cared!?

Bei "Rot" läuft man nicht auf der Straße, umher, hast du gehört!?

Signer blows fro - dare bolly doe dreamer shout adds growed net hair.

Sei nur froh, daß der Polizist dort drüben gerade nicht hersieht.

(nachdem der Hund dies gleichmütig über sich hat ergehen lassen, erhält er zur Belohnung eine Wurst):

Saw, doe host a washed - fuzz!

So, hier hast du eine Wurst - faß'!

(die beiden Herrchen sehen Isidor
begeistert beim Fressen zu):

Shower moll, way dare day washed nigh frizzed!

Sieh' nur - wie der die Wurst reinfrißt!

(die Freude weicht Entsetzen, als Isidor
- ohne Erlaubnis - auch noch die Schoko-
ladenration der Jungs auffrißt):

Adds frizzed dare drag suck
mine block-shock-lord, clubsters!

*Jetzt frißt der Schmutzbeutel auch
noch meine Blockschokolade - verdammt!*

(schließlich machen sich alle drei
im Laufschritt auf den Heimweg):

Hop, adds gamma hum in drub!

Los, jetzt traben wir heim!

Eigener Herd...

(Macho erkundigt sich
bei seiner Angetrauten
nach dem zu erwartenden
Mittagessen):

Was Gibson hide?

Was wird es denn heute geben?

(sie antwortet aus der Küche):

Nearly mid Greece glace
on roady roam.

Nierchen mit Grießklößen
und Rote Beete.

(Macho reagiert stinksauer -
und gibt in bellendem Ton ein
paar freundliche Bemerkungen
in Richtung Küche):

Is des a wits, ha?!

Soll das etwa ein Witz sein?

Den mist frizzed salver!

Das iß' nur du hübsch selber!

Doe hobby can bog draff!

Da hab' ich keinen Bock drauf!

Doe was unders hair!

Gib' irgendwas anderes her!

(sie macht einen Vorschlag):

Spaghetti Kennedy hair doe...

Spaghetti könnte ich zubereiten...

(das paßt ihm aber auch
wieder nicht...):

Bring mare blows
kazoo an noodle bumf doe!

Bring' mir bloß keinen
solchen Nudel-Pampf daher!

(sie ist jetzt auch sauer -
und ratlos):

Dear buster hide
weeder Rhine gore nix!

Also heute paßt dir aber
auch wieder rein garnichts!

(Macho knurrt zurück):

Bring an s-level meat -
on as muggy.

Bring' einen Eßlöffel mit -
und das Maggi.

(Rauchwolke aus der Küche;
sie flucht):

Over rag! Adds is mere
dare drag nigh brand.

Oh verreck' ! Jetzt ist mir
der Mist auch noch verkohlt.

Des gate blows mid an
boots rush weeder wag.

Das wird sich wohl nur mit
einem Putzrasch entfernen lassen.

Ferien auf dem Bauernhof

(Omi verbringt mit dem Enkel
Ferien auf dem Bauernhof; schon
während der Anfahrt gibt es viel
zu bestaunen; Omi weist den
Buben auf die friedlich weidenden
Kühe beiderseits der Bahnlinie hin):

O.- K.! Louder k!

Oh! - Kühe! Lauter Kühe!

Sixty k, booby?

Siehst du die Kühe, Bubi?

(in ihrer Begeisterung macht
Omi den Buben erneut auf die
Kühe aufmerksam):

Doe dreamer since, decay!

Da drüben sind sie,
die Kühe!

(auf dem Bauernhof angekommen - unternehmen beide einen Erkundungs-Spaziergang; Omi sieht einen Igel über den Weg laufen):

Shower moll hair -
doe left a eagle!

Kuck' mal dorthin -
da läuft ein Igel!

(zu Omis Entsetzen steckt Bubi etwas in den Mund)

Mine god - adds frizzed
dare dab den mire cafer!

Mein Gott - jetzt frißt
der Tölpel den Maikäfer!

(als nächstes bückt sich Bubi, um einen wunderschönen grünen Knollenblätterpilz zu ernten; Omi reißt ihn entsetzt zurück):

Gaze do adds doe wag -
do louser?! Des is fie gift!

Läßt du das wohl bleiben -
du Lausebengel?! Das ist
doch schieres Gift!

(als Bubi nun eine Henne
über den Hof jagt und mit
Steinen nach ihr wirft, muß
Omi sich schon wieder aufregen):

Low adds blows day henna gay -
des is fie a put-put!

Laß jetzt die Henne zufrieden -
verdammt noch mal - das ist doch
ein ganz harmloses Putt-putt!

(schließlich wendet Bubi sich
den Hühner-Absonderungen auf dem
Hof zu - und rührt mit einem Ästchen
darin herum; die Omi mag aber
auch daran keinen rechten
Gefallen finden):

Bow, lung doe net he -
dosed adds dye hand wag -
fuzz des net oh - des is gaga!

Bub, greif' da nicht hin -
faß' das nicht an - nimmst du
nun die Hände weg - das ist Gagga!

Unbeholfener Feriengast

Hey bower - gay wider -
dangle a whang my sense!

Hallo Bauer - seien Sie
doch so nett - und dengeln
Sie meine Sense ein wenig!

Hunderassen

A pincher is fie caboodle.

Ein Pinscher ist
nun mal kein Pudel.

Staunen über
Nämberch English Spoken

Way an mention blows
a zoo a blade sin I felt -
des buggy fie net!

Wie einem Menschen nur solch
verqueres Zeug einfallen kann -
das wird mir wohl für immer
verborgen bleiben!

Oh hung

englisch	„Nämberch“	deutsch
A		
adrift	ä driffd	er trifft...
afford	äfohrd	...erfahrt...
ail, ale	Äil	Öl
amend	äm End'	am Ende (gar)
anode	ä Noud'	eine Not
antenna	Andenna / an dena...	Antenne / an denen...
arse	aas	aus
ashlar	Ärschla	Koseform 'Popo'
assign	as' sein'	...aus seinem...
assize	äs sei's	...ach sei's...
aunt	åhnt	ahnt
B		
baa, bar	Baa	Bein(e)
bangle	Bängl	Bengel
barley	Baali	Beinchen (pl.)
barm	Baam	Baum
basin	bäis'n (Bes'n)	bösen (Besen)
batten	Bett'n	Betten
battle	Bett'l-	Bettel-
beagle	Bieg'l	Bügel
beast	bis (Biest)	bist, (Biest)
beaten	biet'n	bieten
beggar	Begger	Bäcker
benzene	Benzin	Benzin
(do) bestow	(du) bist' dou...	(du) bist da...
(an) bittern	(an) bitter'n	(einen) Bitteren...
biz	bis, Biß	bis, Biß
bladder	Blädder	Blätter
blade	bläid	blöde, töricht
blazer	Bläiser	Bläser
blouse	blau's	...blaues...
boar	bohr	paar
bounce	ba-uns	bei uns
booby	Bubi	Jünglein
bog	Bogg	Bock
boom	Buum	Buben
boor	buhr	pur
borer	Bohrer	Bohrer
born	Båhn	Bahn

englisch	„Nämberch“	deutsch
bosh	Borsch	Bursche
brawl (hunts)	bråhl-(Hans)	Prahl-(Hans)
brief	Brief	Brief
bright	breit	breit
brood	Bruud	Brut
breeder	Brieder	Brüder
bub	Babb	Klebstoff
(sough-)buddle	(Sau-) Baddl	Schmutzfink, Schlitzohr
buff	baff	verblüfft
bugger	Bagger	Bagger, Packer
bum	bam'	beim'
(drag-) bumble	(Dreg.)bambl	ungepflegtes Frauenzimmer
burble	Bärbl	Bärbel
buster	bassd'er	paßt er, paßt dir
butler	Baddler	Paddler
buzz	bass, Bass	Bass, Paß
byre	Baier	Bayer
C		
caboodle	kä Buudl	kein Pudel
cad	g'hädd	gehört
caddie	...g'hädd die...	...gehört den...
cahoot	kä Hut	kein Hut
calm	kaam	kaum
camphor	Kämfer	Kämpfer
can	kän, g'härn	keinen, gehören
candy	...g'härn di...	...gehören den...
canned	kännd'	könnte
canner	kenner	kennen
canny	kenni'	kenne ich
carve	kaaf'	kaufe
chowder	schau'der	schau'dir...
civil	si will	sie will
claw	glåh	klar
cloud	glaud	klaut, geklaut
comer	kom'mer, Kammer	kann man, Kammer
comma	kom'mer	kann man
commit	konn mit	kann mit...
condign	konn dein'	kann deinen...
consign	konn sein'	kann seinen...
cost	kost'	Kost, kosten
cough	kaff	Kaff (Ortschaft)
cribble	Gribbl	Krüppel, auch: „toller Hecht“
crowd	Graud	Kraut-

englisch	„Nämberch“	deutsch
cuddle	Kaddl-	Kartel- (kartenspielend)
cut	g'hadd	gehabt
cutler	Kaddler	Kartenspieler
D		
dab	Däbb	Depp
daffy	därf'i	darf ich
dais	däi'is	die ist...
dander		
(mere dander my	mier dännerder mei'	mir tun dermaßen meine
(dandy) face way)...	(dändi) Fäiß wäih...	(tun die) Füße weh...
deb (s. dab)	Däbb	Depp
decipher	di Saifer	die Säufer
defier	di Faier	die Feuer (Feier)
deft	däffd'	darfst
demand	di mahnd...	die meint...
den	den	den
dense	dän's, Dänz'	...tun sie..., Tänze
depress	di Press'	die Presse
descant	des kännd'...	das könnte...
diddler	Diddler	Busen
digger	Digger	Dicker
din	dinn	dünn
dinner	dinner	dünner
ding	Ding	Ding
dinge (is)	Dinnschiss	Dünnschiß
dire, dyer	deier	teuer
dodder	Dodder	Dotter
donor	dou'ner	tu' nur...
dour	Duhr	Dur, Tour
dower(ed)	dauer(d)	dauer(t)
doze	dass	daß
draff	draff	drauf, treff-
drag	Dregg	Dreck
drake	Dreeck	Dreck
drama	Drama, drahma	Drama, träumen
dream	driem	drüben
dreg	Dreg	Dreck
drowse	draus'	draußen
drub	Drab	Trab, trapp
drunk	Drank	Trank
dudgeon	daddschn	tatschen (berühren)
dun	dann	dann
dunce	Danz	Tanz
dust	daß'd...	daß du...

englisch	„Nämberch"	deutsch
E		
eagle	Igl	Igel
ear	ihr	ihr
ease	is', iß'	ist, iß
eddy	Eddi	Eddie
edge	äddsch...	ätsch
elder	älder	älter
elf	elf	elf
embed	im Bedd	im Bett
encase	in'Kees	den Käse
enclose	in' Glous	im Glas
enhance	in' Hans	den Hans
ensign	in sein'	in seinem...
eyrie	aieri...	eure...
face	Fäiß'	Füße
fad	Fäth	Fürth
fawn	fohr'n	fahren
feaze	fies	fies
fed	Fedd	Fett
feeble	Fiebl	Fibel
feel	fiehl'	fühle...
fester	fester	fester
fetter	fetter, Vetter	fetter, Vetter
fierce	fier's	für's
fill	vill	viel
fine	fein	fein
find	Feind	Feind
fizz	fis	fis
fish	fisch', Fisch'	fische, Fisch
fleck	Fleck	Fleck
fledge	fleddsch	fletsch...
flick, flicker	flick, Flicker	flick'm Flicker
flitter	Flitter-	Flitter
float	Floud	Flut
floe	Flouh	Floh
flunk	flank'-	flanke
flutter	Flatter-	Flatter-
flux	Flax	Flachs, Flax
fodder	vo'der, vorder-	von dir, vorder-
foozle	Fuusl	Fusel
fop	fopp-	fopp-
force	fohr's	fahre sie...
ford	fohr'd, ford	fahrt', fort
former	fohr'mer	fahren wir

englisch	„Nämberch“	deutsch
foul	faul	faul
foxy	foxi	foxi (fix und)
frag	verreck'---	verrecke
fray	fräih	früh (morgens)
freeze	Fries, frieß'!	Fries, friß!
fresh	Frösch', Fresch'	Frösche
fret	frett'	fretten, plagen
friar	fraier	freuen
frieze	Fries', frieß!	Fries, friß!
frizz	friß!	friß!
fro	frouh	froh
frog	frog'!	frag'!
from	fromm	fromm
frost	Frost	Frost
fry	frei, frai'...	frei, freue...
full	vull	voll
funny	Fanni	Fanny
fuss	faß'!	faß'!
fy	fei	aber
foreign	vorin	vorhin
G		
gaga	Gagga	Dad.: Kacke
gad	Gerd	Gerd, Gert
gait	gäihd	geht
gallop	Galopp	Galopp
gammer	gämmer!	geh'n wir!
gang	Gäng'	Gänge
garage	Garaasch	Garage
gate	gäihd	geht
gaunt	g'åhnt	geahnt
gear	Gier	Gier
geese	gieß'...	gieße...
geezer	Gießer	Gießkanne
geld	Geld	Geld
get	get!	geht!
gift	Gift	Gift
giggle	Giggl'	Gockel (Hahn)
gild, gilt	gild	gilt
girdle	Gärdl	Gürtel
glade	gläihd	glüht
glair	glär-	klär-
glance	glahns	kleines
gland	g'lahnd	gelehnt

englisch	„Nämberch"	deutsch
glare	glär-	klär-
glaze	Gläiß'	Klöße
glimmer	glimma	glimmen
gloat	Gloud	Glut
glower	glaua, Glaua	klauen, Klauen
gloze	Glouß, Gloos	Kloß, Glas
glut, glutten	glatt, glatt'n	glatt, glatten...
goad	goud	gut
gobble	Gobbl	(Herr) Goppel
God	Godd	Gott
goggle	Goggl	Gockel (Hahn)
gone	Garn	Garn
gore	gohr	gar (zu Ende)
gorse	gohr's	es ist aus
gosh	Gosch'	Mundwerk
govern	gafern	geifern
grace	Gräiß'	Grüße
graft	g'rafft, Graft	gerauft, Kraft
grain	gräin	grün
grant	Grant	Grant, Zorn
graze	gräiß'!	grüße!
grease	Grieß'!	Grieß, Grüße
grind	greind	greint (weint)
grip	G'ripp	Geripppe, Skelett
grist	G'rist	Gerüst
grocer	groußer	großer
grouse	Graus'	Graus, kraus
grout	Graut	Kraut
grovel	G'raffl	Geraffel, Plunder
growl	graul	Kraul-, kraul-
grunt	Grant	Grant, Zorn
guile	gail	geil, gail
gull	gall-	Galle
gust	Gast	Gast
H		
haberdasher	hobb'er der scho...	hab' ich dir schon...
hackle	Häggl-	Häckel-, Häkel-
haggle	Häggl-	Häkel-
hair	här	hör', her
ham	häm	haben
hammer	häm'mer, Hämmer	haben wir, Hämmer
hamster	häms' der	haben sie dir...
hanker	Henker	Henker
hansel	Hänsl	Hänsel

englisch	„Nämberch“	deutsch
hare	här'!	hör'!, her
hast	hä'st	hättest du, hörst du
he	hie	hin, kaputt
head	hädd'	hätte
heap	Hieb	Hieb, Schlag
heft	Heft	Heft
helm	Helm	Helm
hepta	häb'der...	habt ihr...
hex	Hex'	Hexe
hexa	Hexer	Hexer, Zauberer
hide	heid'	heute
hint	hint'	hinten
hire	heier	heuer
hoar	Hähr	Haare
hob	hobb! (hob')	hopp! (habe)
hobby	hob'i	habe ich
hock	hogg'	hocke, sitze
hocky	hogg'i	hocke (sitze) ich
hod	hod'	hat
honey	Hanni	Hänschen, Hans
hoof	Huf	Hof
Hoosier	Huhser-	Hosen-
house	Haus, hau's...	Haus, hau' sie...
hud	hadd	hart, hat
huddle	Hartl	Hartl
hull	Hall'	Halle
humble	Hambl-	Hampel-
hung	Hang	Hang
hush	Hasch	Haschisch
hussy	haß'i...	...heiße ich...
hut	hart	hart
I		
ice	Eis	Eis
idle	eidl	eitel
in case	in'Kees	den Käse
income	in'kamm	den Kamm
induct	indakt	intakt
infect	Infekt	Infekt
ingraft	in Grafd	in Kraft
ingrain	in gräin	in grün
inner	inna	innen
inroad	in roud	in rot
insect	in' Sekt, Insekt	den Sekt, Insekt

englisch	„Nämberch“	deutsch
ion	eier'n	euren
ionize	eier nei's	euer neues...
ire	eier/Eier	euer/Eier
Islam	is' lahm	ist lahm
J		
jay	dschäih	schön
jole	Dschoul	Schule
jumble	Dschambl	Gitarre
jut	dschadd	schadet
K		
keel	kiel, Kiel	kühl, Kiel
keg	kegg, G'häck	keck, Gehäck
ken	kenn'...	kenne
kin	Kinn	Kinn
kite	-keit	-keit
kitten	kittn	kitten
kittle	Kittl	Kittel
L		
labo(u)r	läiber	lieber
lack	legg-	leck-
ladder	'Lädder	Lebtag
lair	lähr	leer
laird	lährd	leert
(a) lance	ä(lahns)	allein
larch	Laatsch-	Latsch-
lass	läß'-	laß'-
laugh	laaf'...	lauf'...
lead(er)	Lied(er)	Lied(er)
lector	...leckt'er...	leckt ihr...
lest	läß'd...	läßt du...
level	Leffl	Löffel
liar, lyre	Leier, leiha	Leier, leihen
light	leiht, Leit'	leiht, Leute
limy	leim'i	leime ich
loamy	lou'mi...	laß' mich...
lobe	Loub, loub'	Lob, lobe
lodge	Loddsch	Lódz
lost	loß'd...	laßt...
loud	laud	laut
lour	luer	lauern
low	lou'	laß'...

englisch	„Nämberch“	deutsch
luck	Lagg	Lack
lull	lall'	lalle
lung	lang', lang	lang', lange
lustre, lusty	laß'der, laß'di	Laß'dir, laß'dich...
lynx	lings	links
M		
madder	Märder	Mörder
made	mäid	müde
maiden	mäid'n	müden...
maim(er)	mäimer	müssen wir...
main	mäin	müssen...
mall	Mol, 'mal	Mal, einmal
malt	målt	malt, mahlt
man	mer'n	...wir ihn...
mange	Määnsch...	Mensch-...
manner	Männer	Männer
manner	mer'ner...	wir nur...
mansion	Mänsch'n	Menschen
mantle	Mäntl	Mäntel
mare	mähr	mehr
mason	mäiß'n	müssen
master	Master	Meister
maul	Mol	Mal
mead	mied	mit
meld	meld'...	melde...
mention	Mensch'n	Menschen
mere	mier	mir
mess	Mess-	Meß-
mice	Meis', Mais	Mäuse, Mais
mid	mid	mit
midden	midd'n	mitten
middy	mid'di...	mit den...
mill	Mill	Müll
mine	mein'	mein, meinen
minister	Minisder	Minister
minor	meiner	meiner
mire	Meier	Meier, Meyer, Mayer
misery	misserdi...	müßte ich...
miry	Meieri	Meierin, Frau Meier
mist	Mist	Mist
Mister	miß'der	müßt ihr...
mitten	mitten	mitten
mizzen	missn	müssen

englisch	„Nämberch“	deutsch
moan	Mohn	Mohn
mohair	mou här...	muß her...
moll	Mol	Mal
monad	Monad	Monat
moos	Muus	Mus
moppet	Mobbedd	Moped
morse	Mååß	Maß (1 l)
mosey	mouß'i...	muß ich...
most	mouß'd...	mußt...
motor	mou'der...	muß dir...
mow	mou'...	muß...
much	Maddsch	Matsch
mud	madd	matt
mummer	Mamma	Mama
muscle	Massl	Glück
mush	Masch!	Marsch!
mussel	Massl	Glück, „Schwein“
must	Masd	Mast
muster	Masder	Meister
mux	maggs'...	mach's...
muzzle	Massl	Meißel, Glück
my	mei'	mein
myrtle	Mördl	Mörtel
N		
nearly	Nierli	Nierchen
neck	neck	necke
need	nied	nicht, Niet
neglect	ne'g'leckt...	nicht geleckt...
ness	Näss'	Nässe
nest	Nest	Nest
net	net	nicht
next	nächst	nächst(e,r)
nibble, nipple	Nibbl'	Nippel
nice	nei's	neues
nickel, niggle	Niggl	Zweimarkstück
nigh	nei...	hinein...
nine	nein	neun
nit	nid	nicht
nix	niggs, Nix; Nix'	nichts, Nix, Nixe
noddle	noddl	nervös herumfahren...
node, note	Noud, Nout	Not
none, nun	Narrn, 'nam	Narren, ihn

englisch	„Nämberch“	deutsch
noodle	Nudl	Nudel
nought	Nåht	Naht
nylon	nei'loun	hineinlassen
O		
oh	oh	oh, au
oblong	ohblohng	s. abplagen
oboe	oh Bou!	oh Junge!
obsess (hot)	ob se's håt	ob sie es hat
oft	oft	oft
ought	Åht	Art
our (ox)	Auer-(ochs)	Auer-(ochs)
oven	Ofen	Ofen
over (rag!)	oh verregg!	oh verreck! - du liebes bißchen!
P		
pampas	Bämbers	Pampers
pincher	Bindscher	Pinscher
puddle	Baddl	Paddel
poppers	Bobbers	Popo
Q		
quaff	G'waf'	Gerede
quince	g'winn's	(ich) gewinne es...
quint	G'wind', g'winnt	Gewinde, gewinnt
R		
raid	Red'	Rede
rear	rieht'	rühr, Rühr-...
rector	reckt er	reckt er
regal	Riegl	Riegel
rend	rennd	rennt
render	rennt'er	rennt er
rennet	renn ned!	renne nicht!
rest	Rest	Rest
revere	Riwähr	Revers
rhyme	Reim, reim'	Reim, reiben
ride	reid'	reite
rife	reif	reif
rig	rigg'	rück'
ring	'Ring, ring'	Ring, ringe
ritzy	ritz'i	ritze ich...
roam	Roum	Rübe(n)
roof	Ruf, ruf'!	Ruf, rufe!

englisch	„Nämberch"	deutsch
rooster	rußder	rußt er
rough (geary)	raff' (gieri)	raufen, raff- (gierig)
rous(e)	raus!	raus!
row-de-dow (arse)	douh'di dou (aas)	ruh' dich hier (aus)
rubble	Rabbl'	Rappel (Spleen)
run	'ran'	'ran!
ruse	Ruuß	Ruß
rust	Rast	Rast
rustle	rassl'	rasseln
rye	rei'	herein, 'rein
S		
sac, sack, sag	Säck'	Säcke
sap	Säpp	Sepp
sass	sers!	Servus!
saw	sååa!	so! (da haben wir's)
scatter	s'k'hädd'er!	das gehört dir!
(care)scout	(g'härs't) g'haut!	gehörst verprügelt!
(shy)scramble	(Scheiß)Grämbl!	(Scheiß)Krempel!
(in)scuff	in's Kaff...	in's Kaff...
(doe)scunner	(dou) is kanner	hier ist niemand
scuttle (geld)	s'Kartel(geld)	das Kartengeld
sea, see	sie, Sie!	sie, Sie!
seam, seem	siem', sieb'm	sieben, 7
season	sieß'n	süßen
seckel	Säggl	Säckel
seed	Sied, sied'	Süd, siede
seize	sieß, sie's...	süß, sie ist...
seizure	Sießer!	Süßer!
semen(s)	Siemens	Siemens
sex	Sex, 6	Sex, 6
shad (he)	schädd (hier)!	seht nur hin!
shady (war)	schäih, di (Wohr)	schön, die (Sache)
shaft	schaffd	schafft
shank (I)	schänk (ei!)	schenk' (ein!)
share	Schär'	Schere
shawn	Schåm	Scham
sheaf	schief	schief
shear, sheer	schier, schür'	schier, schür'-
shell	schell'-	schelle (läute)
shelter	schell'd'er!	läutet halt!
shelve, shelf	Schelf'	Schale (Kartoffel-)
shepherd	schebberd	scheppert
shift	schiffd	schifft (regnet)

englisch	„Nämberch"	deutsch
shimmer	Schimmer	Schimmer
shindy	schind'i'	schinde ich
shiver	Schiffer	Schiffer
shoal	Schoul	Schule
should	Schudd-	Schutt-
shout	schaud'	schaut'
shove	schaff'	schaffe
shower	Schauer, schaua	Schauer, schauen
shrank	Schränk', schränk'	Schränke, schränke
shrift	Schrifd	Schrift
shrill	schrill	schrill
shudder	scha'der...	schau' dir...
shut	Schadd	Schatt (Gesundheits-)
shyster	scheiß'der	scheißt er, scheißt dir
side	seid...	seid, seit
sidle(r)	Seidl(ä)	Seidel
sigh	sei'	sein(e, er, es)
sypher	Saifer	Säufer
T		
tender	dän'der...	tun dir...
tiddley	Diddli	Brüstchen, Busen
toad	Doud, doud	Tod, tot
toady	dou'di...	tu' dich...
trot	Drodd	Trott
tzigane	Zigann'	Zigarre
U		
udder	ådder?	oder?
ulcer	alzer, alzo	also
ulster	alz'der...	als dir...
umbel	Amb'l	Ampel
umbrella	an Brella	einen Schwips
unacquaint(is)	...aner g'wehnd (is)...	...einer gewöhnt (ist)
uncanny	ann kenn'i'...	einen kenne ich...
uncared	an' g'härd...	einem gehört...
unchain	an schäi'n...	einen schönen...
unchaste	an schäiß'd...	einen schießt...
(dare) under	(der) ander'...	(der) andere
unfetter	an' Vetter...	einen Cousin
(riced)unmeet	(reißd) an' mied	(reißt) einen mit
unmuzzle	an Mass'l	ein Glück
unrest	an'Rest	einen Rest
unroots	an'Ruds	einen Rotz

englisch	„Nämberch“	deutsch
unworn	an' wohr'n...	einen wahren...
unwashed	an worschd'-	einem wurscht'-
urban (oder: air batten)	ärbern (ärbertn)	arbeiten

V

vag	wäg!	weg!
van	wer'n	werden
vision	wisch'n	wischen
visor, vizor	weißer	weißer
wabble	wäbbl'	mit Münzen spielen
wad	Wärt, werd'	Wirt, wird
waft	waafd	redet dumm daher
wag	weg	weg
wangle(r)	wengl(a)	ein bißchen
wanness	wenni's	wenn ich es
war	Wohr, wåhr, wår	Ware, wahr, war
(ear) ward	(ihr) ward'	ihr wart
(mere) warn	(mier) wohrn	(wir) waren
was	wos?	was?
washout (rous)?	wos schaut (raus?)	was schaut (raus?)
waste	wäi'st...	wie du...
waul	Wåhl	Wahl
way	wäi? wäih	wie? weh
weir	wier	wir
wear, where	wer?	wer?
weasel	Wies'l	Wiesel
weazen	Wies'n	Wiese(n)
wed	Wedd'	Wette
wednesday	wenn's di'...	wenn du dich...
weld	Weld	Welt
wend	Wänd'	Wand, Wände
whence	wenn's	wenn es...
wherry	wer'i...	werde ich....
whinchat	wünschert'...	wünschte...
whizz	Wiss	Wasserlassen
woa, whoa? wo?	wou?	wo?
(air) wholesome	(er)holsam	(er)holsam
wide	weid	weit
wiggle	Wiggl, wiggl...	Wickel, wickel...

englisch	„Nämberch“	deutsch
wimble	Wimbl	Wimpel
(dare) window	(der) Wind'dou!	(der) Wind da!
Windsor	Windser	Winzer
winter	Winder	Winter
wire	Weier	Weiher
wise	weiß, weis'	weiß, weise
wish	wisch'	wische
(e) wizard	(i) wisserd'...	(ich) wüßte...
woad	Woud	Wut
woe	wou?	wo?
won't	wohnd	wohnt
wore	Wohr, wohr	Ware, wahr
wump(ered)	wamperd	korpulent
Y		
yah, yaw	Johr	Jahr
yowl	jaul!	jaul!
(air) yowled	(er) jauld	(er) jault
Z		
zizz	s'is'...	es ist
zoo	su	so
zymose	sei' mou's!	es muß sein!
	sei' Måhs	seine Maß (Bier)

Verlag Matthias Böckel

Weitere Titel von Günter Stössel,
erhältlich im Buchhandel
und in Schallplattengeschäften

MCs, CDs:

Lebend im Konzert, MC, CD

Af Nämberch nei, MC, CD

Das Beste aus meinen 3 LPs, MC

Der Wirtshausmitschnitt, MC

Schmarrer-Egg, MC

Bücher:

Songbuch

wenns der's glabsd

Nämberch english spoken, III

Nürnberg bei Fürth

Verlag Matthias Böckel
Landgrabenstraße 65
90443 Nürnberg
Telefon (09 11) 4 18 03 51
Fax (09 11) 4 18 03 53